Couverture inférieure manquante

Début d'une série de documents
en couleur

PAUL ADAM

LA GLÈBE

PARIS

TRESSE & STOCK

Libraires-Éditeurs

8, 9, 10, 11, GALERIE DU THÉATRE-FRANÇAIS

PALAIS-ROYAL

1887

Tous droits réservés

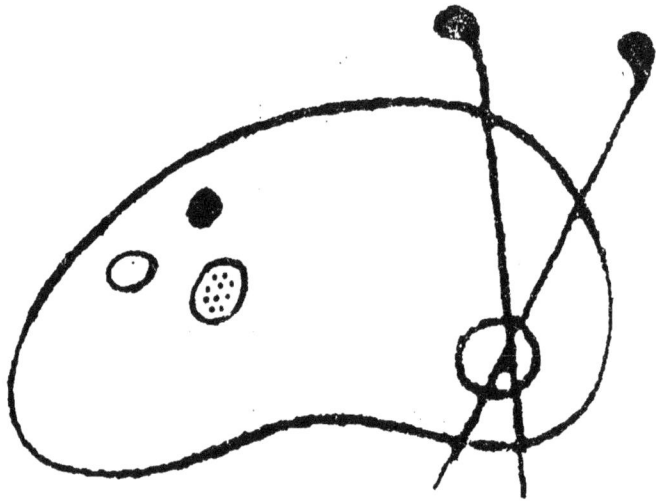

Fin d'une série de documents
en couleur

LA GLÈBE

DU MÊME AUTEUR :

Chair molle.

Soi.

Le Thé chez Miranda, en collaboration avec M. Jean Moréas.

Les Demoiselles Goubert, en collaboration avec M. Jean Moréas.

Sous presse :

En Décor.

En préparation :

Être.

Le Mémorial.

Dijon, imp. Darantiere

PAUL ADAM

LA GLÈBE

PARIS

TRESSE & STOCK

Libraires-Éditeurs

8, 9, 10, 11. GALERIE DU THÉATRE-FRANÇAIS

PALAIS-ROYAL

1887

Il a été tiré à part, de cet ouvrage,
dix exemplaires sur papier de Hollande
numérotés à la presse.

L A vaste cuisine de ferme tiède après le dîner ; où s'étirent les ombres sur le carreau rose, où la vieille servante droite et plate essuie la vaisselle tintante ; là Cyrille vient s'asseoir cette veillée d'hiver.

Il pense à Trouville, aux mois des dernières vacances, à Denise. Son cousin, ce noceur, les avait unis

solennellement, un matin, devant
la mer plumetée, tandis que ruisse-
lait l'harmonieuse voix des eaux,
tandis que riait cette fille aux cheveux teints. Et suivit une folle
excursion en barque où elle le ser-
rait à la taille en lui disant des bêtises : « Potache, potache. Oh ! que
t'es farce, petit potache. » Ce lui
sonne encore. Elle épela « Institut
Saint-Vincent » sur les boutons de
son uniforme ; car, sorti depuis cinq-
jours de chez les Pères, un tailleur
n'avait pu le pourvoir de vêtements
civils.

Et dans cette chair duveteuse,
dans ces cheveux teints gros et drus,

il vécut des semaines. Les heures passées hors des étreintes, il ne les sait plus.

L'aima-t-elle cette femme de Paris, échouée là pour faire la plage ? Si bête qu'elle ne parlait même pas, si robuste qu'elle le faisait geindre en le lacis de ses bras doux, lui le rude fils de paysans et de chasseurs. Elle l'ahurit de ses parfums brusques, de ses dentelles infinies, de ses soiries et de ses mousselines.

En Italie. Comme ça. Parce qu'il avait encore dans la tête Virgile, l'histoire, les gondoles de Venise, Cicéron, le Forum. Ils étaient partis avec l'argent d'un usurier, un ami

d'elle. Sans hésitation lui conclut
cet emprunt, malgré sa raison mo-
rigénante. Et puis, à Milan, un
midi, elle se leva terriblement fâ-
chée, cassa les porcelaines de la
toilette, lui prit son portefeuille et,
par le premier train, fila sur Paris.
Pourquoi ? Elle était ivre-morte depuis trois jours.

Alors il fallut revenir. Il dormit
tout le temps du voyage. Quand il
ne dormait pas, il larmoyait. A Lyon
il trouva son tuteur.

Furieux cet oncle lui rendit des
comptes : « Tu as vingt-un ans, par
bonheur ! Je ne serai pas obligé de
m'occuper d'un pareil chenapan. »

Et l'oncle retourna dans sa métairie après avoir sermonné pendant dix-huit heures de chemin de fer, et prédit la ruine.

A tout cela Cyrille pense.

Sa pipe laisse aux lèvres la saveur la plus souhaitable et les nues de fumée sinuent en spires valsantes. L'averse chante aux vitres. Les chevaux piaffent à l'écurie ; il les écoute.

La Terre ne vaut plus. Sans doute, elle se relèvera : la Terre ne peut faillir. Mais quand ? Donc pas d'argent. Des terres et des terres, son patrimoine inaliénable, par religion. Il les connaît : rases et plates étendues depuis Becquerelles jusque Ferbon,

englobant les clochers et les mou-
lins, enjambant les grandes routes.
Sans un arbre. Il y chasse durant
toutes les vacances depuis l'année
où il remporta neuf prix.

La lampe verse sa lumière ronde
sur le caraco passé de la servante
droite et plate. Et les jurons des
ouvriers arrivent du fournil avec le
vent.

Autrefois, à Boulogne, il étudia
chez les Pères. Une vie d'écolier
sage avec le mépris profond des
cancres, avec les calmes études où,
de tout le poids de sa lourde intelligence, il s'appliquait à parfaire les
thèmes et à noter l'accentuation

grecque ; les joies des promenades
bavardes et turbulentes ; le suprême
ravissement d'instaurer en leur sens
précis certaines phrases obscures de
Quintilien et d'en être louangé *seul*
par le professeur ; les idées d'amour
esquivées avec horreur comme sus-
ceptibles de punition. Puis, des vo-
lumes dorés, des médailles d'argent
dans des écrins grenat, le baiser de
l'archevêque couronnant aux stri-
dences de la musique et des bravos,
un parchemin de bachelier qui, là-
haut, gît dans le vieux secrétaire
d'acajou près du daguerréotype où
il distingue mal ses parents en cos-
tume de noces, aujourd'hui morts.

Non, jamais il ne mangea fin et propre comme au réfectoire, ni dans les ducasses d'en deçà la Deule ni dans les kermesses d'au delà. A Trouville ? En Italie ? Il but surtout.

A Turin du Lacryma-Christi. Les lèvres de Denise s'écrasaient sur le mince cristal et leur carmin transparaissait dans la pourpre du vin. Après elle, il y huma : une saveur chaude et liquoreuse avec des vigueurs pourtant, un arrière-goût amer, un parfum d'ambre et de thym... un peu comme du très vieux Volnay où persisteraient des saveurs de sucre... Et Denise son coude levé, la poitrine blanche et mouvante sous la gaze du corsage d'été, ses longs cils baissés vers la liqueur... Il retrouva sur ses lèvres ce goût de thym et d'ambre, ce liquoreux qui poissait leurs bouches.

Et pour revivre cette impression il commande :

— Catherine, allez à la cave chercher une bouteille de Volnay.

Devant la bouteille brune renaissent des souvenirs à chaque gorgée bue. Souvenirs tactiles, et souvenirs sapides, et souvenirs odorants. Visions de membres qui se cambrent, de bouches qui hoquètent, de dents froides et dures. Et chaleurs qui fluent par la gorge avec le vin comme chaleurs de baisers. Elles gagnent la poitrine, elles l'énervent ainsi que des contacts de derme.

— Catherine. Allez vous coucher.

— Oui l'maître.

La porte se referme. Il met les barres. Il ne voit plus qu'elle. Elle ondoie, la main à ses cheveux teints, le rire à ses dents mouillées. Ses bas rouges frétillent, ses gants noirs se déchiquètent. Elle grandit comme si elle accourait vers son front, son front d'amant qui brûle et où les veines battent. Elle se rapetisse facétieuse et fuyante, grosse maintenant comme une mouche... une mouche qui bourdonne.

La mouche bourdonne autour de la lampe, et gravite dans sa lumière ronde. Oh ! l'insupportable bourdonnement qui croît. On dirait d'une compagnie de tambours qui battraient comme les veines battent dans son front brûlant. Vidée la bouteille.

La sueur lui coule sur les tempes, sur les joues, dans le cou. Des mouillures froides. Il se lèverait bien pour gagner cette bassine pleine d'eau, mais ses mains ne sont plus à lui, ses pieds ne sont plus à lui.

Il se mord et il ne sent pas la morsure. La chair de ses doigts paraît insensible, son nez dur comme le nez d'un cadavre, ses joues paraissent dures comme les joues d'un cadavre.

L'ombre flotte sur le carrelage rose. Comme la mer à Trouville n'a-t-elle pas flux et reflux ? Tantôt l'ombre de la cheminée se berce là et tantôt elle se berce ici. Elle va baigner les jambes de Cyrille. Elle remonte maintenant vers la lampe et le vieux bahut où les luisures dansent la sarabande. Ainsi que dans le bateau d'Etretat, tout roule et roule. Tout roule, l'estomac aussi dans la poitrine de Cyrille qui n'ose plus bouger et s'avoue gris. Au balancement de ce roulis, il s'endort. Seul dans la cuisine vaste.

II

CHAQUE soir, seul, avec cette vieille femme taciturne et brute qui, interrogée, n'exprime même pas les bavardages du canton ; « des bleuses-vues, » dit-elle, en haussant les épaules ; ensuite elle se tait. Les ouvriers dorment dans la grange, dans les écuries, harassés de labeur et de tabac.

La pluie, l'hiémale pluie pleure et pleure sans arrêt. Dans le hameau nul ne veille. Le fermier le plus voisin de Cyrille, son oncle, ronfle déjà sans doute. S'il allait lui faire visite, on discuterait encore le dépérissement de la terre, la grande rachitique. Tout le jour, il étudia ce sol malade, épuisé, tout le jour il médicamenta. Il sait aussi bien que l'oncle les phases du mal. Pourquoi s'attrister encore à cette évocation de ruine ?

La ville est si loin. Les chevaux sont si las.

Qui voir parmi l'atmosphère brillante du café saure, où le gaz clignotte vers les faces ennuyées et sé-

vères des vieux ? Les jeunes, ceux de
son âge, travaillent à Paris, à Douai ;
ils font leur droit. D'autres Saints-
Cyriens.

Quelle malédiction lui tua ses
frères au berceau et ses parents sur
la glèbe ? Seul de la race ; il lui faut
en cette triste campagne vivre. L'orgueil du rang l'empêche, lui, grand
propriétaire terrien, allié aux marquis
de Bressel et aux barons de Four-
nies, de se commettre avec les em-
ployés d'administration. Les officiers
dépensent. Trop pauvre d'or, il ne
les peut connaître.

Mieux encore vaut rester là, dans
la cuisine, fumer. L'unique joie de

sa vie sera donc cette équipée avec Denise ?

Si difficilement le blé se transforme en or; cette frasque et les cinq mille francs qu'elle coûta lui interdiront pour des ans l'achat de la Verdière, une maison presque citadine que ses vieux désirs convoitèrent et qui, proche de la ferme, serait un château indépendant, demeure du maître. Des Parisiens y passaient la belle saison autrefois : une petite fille joueuse et bien mise, un monsieur décoré et rieur qui manquait les lièvres au gîte, une dame lourde un peu, toujours en des lectures. A vendre, maintenant, la Verdière : vingt mille francs. Depuis trois années les Parisiens n'apparurent. Et Cyrille ne l'aura point ayant gâché les économies de son père avec la gueuse.

Elle buvait du champagne au Havre en sa robe de satin écarlate, où ses longs gants de peau noire gisaient. Elle trempa ses ongles diaphanes dans la mousse blonde et par la fenêtre, jeta la coupe dans la mer enlunée. « Comme le roi de Thulé ! s'écria-t-elle, » et elle chanta.

Revivre ce chant !

—-Catherine, du champagne, et allez vous coucher.

Des soirs et des soirs Cyrille l'aima de souvenir. Il l'aima au cham-

pagne comme l'après-souper du Havre ; il l'aima au cognac comme
l'après-midi du wagon, près Ambé-
rieux ; il l'aima au marsala comme
l'après-dîner de Véronne. Et puis, il
recommença ces diverses amours des
soirs, des soirs, dans la vaste cuisine
au carrelage rose, tandis que l'averse
pleurait aux vitres.

III

Vers les nuages, il marche sous le vol circuitant des corbeaux, par la plaine plissée de sillons.

Il marche avec la constante inquiétude des semailles perdues, des socs brisés, des chevaux poitrinaires. De ci, de là se hérissent de chétives herbes, des brindilles pâlottes, éparses.

Seul, toujours. Et ses pieds défoncent
la terre humide.

Les campagnards servent les mê-
mes conversations que l'oncle. Quand
Cyrille donne la cause scientifique
des phénomènes naturels, des flé-
trissures et des floraisons en citant
les lois de la physique ou de la chi-
mie, ils lui rient à la face, de leurs
gros rires idiots, en se moquant :

— Non, c'est comme ça, parce
que c'est comme ça, monsieur Cyrille. On ne peut pas tout savoir.
Faut pas non plus faire tant le malin
avec vos balivernes de l'école. Tout
ça, ça ne veut rien dire.

Il s'emporta, voulut à toutes forces expliquer ; il alla chercher des crayons, traça des figures, des formules algébriques :

— Qué que c'est que tout ça ? Qué que ça représente ? il n'a point de nez votre bonhomme.

Et d'une quinte hilare leurs dos énormes tressautèrent dans les blouses. Il les jeta dehors.

Ils contèrent partout que « tout de même M. Cyrille avait un grain et que c'était bien malheureux pour son âge. »

Nerveux encore de cette immuable stupidité où choppe elle-même la science sainte, il marmonne en marchant :

Là-haut les corbeaux tournent et croassent. Devant s'étale la plaine rousse, nue jusqu'aux nuages qui la ceignent.

Rien dans la plaine et rien dans sa vie pour toujours. Quel ennui de ne plus étudier, de ne plus écrire. Il eût bien entrepris une traduction de la *Pharsale* en vers français ; mais il n'ose, ne sachant pas de directeur qui lui dise : « Ceci est bien, cela est mal. » Où le guide, où le conseil ? Il ne croit pas en l'autorité de son jugement personnel. Si humble et si timide il fut aux maîtres.

Courbées en ligne, les sarcleuses épluchent un champ, les mains au

sol, les croupes au ciel. Que laides
ces filles aux cheveux rares plaqués
avec de la pommade sur les crânes
ronds et bis ; leurs mamelles pen-
dent dans les caracos lâches, et leurs
doigts rugueux aux ongles cassés
fouillent les touffes de l'avoine nais-
sante. Vers lui elles lèvent leurs
yeux craintifs. A son sourire elles
l'enœillent sournoisement en des
regards qui offrent leurs corps.

Jamais il ne s'acoquinera. Une
honte pour sa famille si on venait à
lui connaître de semblables déchéan-
ces. D'ailleurs elles lui paraissent sor-
dides, ces femelles.

Une couturière qui, chaque prin-

temps, reste six semaines au village
pour travestir les robes selon la
mode, l'eût plutôt conquis. Mais,
par la servante, il sut qu'elle le
jugeait brutal et très vieux à cause
de sa barbe toute poussée. Il la
laissa partir sans lui parler même.

Les corbeaux tournent, croassant
dans le firmament blanc.

A la suite des chevaux lents, à la
suite du rouleau polissant la terre,
le vieux varlet titube, le crâne clapi
entre les épaules, rendu gibbeux par
le labeur.

Aux pleurnicheries des grelots
grêles, aux chatoiements des four-
rures bleues, les colliers monumen-

taux oscillent sur l'encolure des grises bêtes qui tirent, lentes.

— Hé bien, Baptiste ! fait Cyrille.

— Hao, ho !

La raucité du cri lamentable s'éploie et agonise par la plaine vide. Les chevaux s'arrêtent. Les grelots ne pleurnichent plus. Immobiles et la tête pesant bas, les grises bêtes.

— Déjà tout cet ouvrage terminé ?

— Hé oui, l'maître.

Ainsi tous. Les vieux laboureurs ne méritent jamais reproches ni même surveillance. La terre, ils la pomponnent et la choient d'instinct, comme ils mangent, comme ils dorment, comme ils se reproduisent.

Baptiste a pris une motte dans
ses mains porphyriennes ; il l'écrase
et l'émie. Des larmes noient ses
pupilles troubles ; sa face porphy-
rienne se creuse encore aux traces
des rides profondes.

— Mal, mal, mauvaise.

Cyrille hausse les épaules et fait
signe de s'asseoir. Ils s'étendent à
l'ombre épaisse des chevaux, sur la
terre récemment polie.

Alors, les pipes fumelant, le vieux
narre, de sa voix écrasée. Il dit les
moissons d'antan florissantes et
belles. Et son geste gourd encadre
le pays jusqu'aux nuages.

Comme la terre montante a gagné

le soleil, les pleurs pourpres de l'astre dépassé inondent.

Ils inondent et rosissent la frange des nuages qui traînent aux écorchures de la plaine brunie. Violettes et noires surgissent les nocturnes ombres.

Et les corbeaux filent vers l'horizon.

Tandis que Cyrille songe à la fuite désolante de l'or, à l'impossibilité de jouir et d'être.

Ses mains se crispent. Les plaisirs en son imagination volètent et narguent. Un par un, les souvenirs des joies passagères le viennent défier en mimant le bonheur perdu.

Ils flagellent son désir et l'irritent.

Et Baptiste ne cesse de prédire la ruine proche.

Dans le chemin creux, ils vont parmi les brumes vespérales où se gouachent des herbes, des gens. Les grelots des bêtes sonnent et dansent avec le son morne des fers.

Passent les sarcleuses et leurs jupes bleues et leurs caracos blancs, et sur les dents claires leurs chansons languides.

Des chants d'amour. Volontiers Cyrille les battrait, ces femmes. Au sommeil il aspire, au sommeil qui tue la mémoire, et qui tue le désir, et qui, des fois, réalise.

—- Une chope, Baptiste, hein ?
avant de souper.

Dans le cabaret sombre, la lueur
aiguë des mesures d'étain, les vitres
rougies par la trace du soleil. Là ils
boivent, le vieux et lui, sans dire.
Ils boivent pour s'enfuir des choses.

IV

LE père est mort. Je crois fort qu'il s'est suicidé. La mère et la fille sont *à quia*. Elles donneront la Verdière à moitié prix pourvu qu'on les paye comptant.

— Dix mille francs alors, reprit Cyrille.

Un maquignon dit :

— Comme ça s'enfonce les bour-

geois. Ça fait des bêtises ! Ça se
ruine ! Ne venaient-ils pas autrefois
chasser, ceux-là, avec des vestes de
velours, des gants neufs, des chiens
anglais, est-ce que je sais. Ça chassait
ça, ça ne savait seulement pas tuer
un lièvre au gîte. Ça avait des chiens
qui couraient sur le coup de fusil. Malheur, va. Et puis ça n'a pas le sou.
Et dire que c'est ça qui nous dirige !

Toute la table s'esclaffa.

— Pour être bête, il n'y a pas
plus bête que les bourgeois.

— Et des vices !

Les convives causent en sourdine
à l'oreille avec des mines dégoûtées
et des yeux égrillards.

Les servantes emplissent de bière les chopes ; deux, sanglées dans leurs robes à fleurs ; et elles gravitent inversement autour de la table immense garnie d'hommes en redingotes luisantes.

Au fond de la salle à tapisserie teinte d'humidité, une autre table unit les dames en deuil qui parlent discrètement du défunt : riche cultivateur dont les funérailles viennent de finir.

Tout en mâchant son bœuf, Cyrille pense à la Verdière. La blancheur éclatante de la nappe l'hypnotise. Depuis des semaines, ce malaise le prend à l'aspect des

couleurs vives. Ce lui fut d'abord
quand l'ivresse, le soir, terrassait.
Les rideaux blancs de son lit le
figeaient alors en une inévitable con-
templation. Bientôt le carrelage rose
de la cuisine acquit la même influence ; puis les housses du meuble
de salon. Maintenant cela le possède
même hors de l'ivresse. La nappe
lui scintille devant les yeux et darde
des éclaboussures blanches.

Il s'efforce de s'y dérober et cille
vers les murs. Malgré lui sa pupille
gagne le coin des paupières où la
nappe devient perceptible, et aussi-
tôt son regard tombe maîtrisé sur ce
blanc qui vibre.

— Elles sont à la Verdière n'est-
ce pas, mon cousin ?

— Qui ?

— Les propriétaires, donc.

— Ces dames Des Flochelles ?

— Oui.

— Elles sont arrivées, il y a huit
jours.

L'intérêt de cette causerie le peut
enfin soustraire à l'hallucination
blanche. Il parle, il parle pour que
la vision ne le reprenne pas. Il ren-
seigne sur l'âge de Mlle Lucienne —
18 ans — celui de sa mère — 42
ans. — Il cite leurs paroles, il décrit
leurs robes, leur intérieur où il fit
visite pour une affaire de voisinage ;

oui, des renseignements à donner
sur une servante.

—Allons, il faut acheter les dames
avec la maison ! lui crie un farceur.

—Bé, ce ne serait pas mauvais
marché, clame un autre.

De là Cyrille songe à Lucienne,
si blonde et si frêle avec un sillage
de parfums et des gants mauves
jusqu'aux coudes. Que ne possède-t-
elle des terres. Il l'épouserait. Seule
elle lui livra cette note luxueuse
inouïe de toute autre femme que
Denise ; elle fleura cette odeur
unique qui suggère comme un avant
goût de possession. Le mariage le
ravirait à sa tristesse, à son vice.

Car il sait qu'il boit, il sait que peu
à peu il devient fou.

Chaque fois que l'idée d'ivresse
l'enchante par ses maléfices au son
des souvenirs, aux promesses de les
revivre et de tarir par le sommeil
tous les regrets, une puissance fantas-
matique s'évoque, d'attitude nar-
quoise, personnifiée d'un Rire énorme
et sans dents. Elle raille sa faiblesse
infantile, lui assure que, malgré ses
résolutions, il succombera encore ;
elle le montre par avance titubant,
ridicule, courant à la folie. Elle lui
décharne Denise et la travestit en un
squelette dégoûtant d'alcool, riant
de ce Rire aux lèvres grises et

suintantes. Dès lors Cyrille ne désire plus que le sommeil où la hantise s'effacera, où il l'abattra.

Pour obtenir cette victoire il se livre entier au vin. Avec un acharnement de lutte, il absorbe verre sur verre comme il frapperait coup sur coup.

. . . .

Tandis qu'il regagne sa ferme en cabriolet, ce soir-là, il sent le vol proche du Rire sans dents, du squelette en robe écarlate trop large et ganté noir trop large. Cela lui clame qu'il est encore ivre comme un porc, qu'il mourra vautré dans ses vomissures, comme un porc. Et de la prédic-

tion lui naît une épouvante atroce,
étranglante; ses nerfs se révoltent,
leur exaspération s'essore par les
mains qui cinglent du fouet et des
guides la croupe du cheval galopant.

Le cheval galope dans la route
verdie d'ombre, entre les champs
aplatis sous la lune verte, sous les
buées vertes.

En Lucienne Cyrille espère la libé-
ratrice. Ses bras, ses longs bras
minces et ses mains fluettes exor-
ciseraient la puissance par leur geste
gracile, relevé.

Au goût de cette bouche fleurie il
oublierait le goût de l'alcool. Mais
elle ne possède pas de terres.

V

LE mariage, la meilleure chance pour lui, trop seul. Avec une femme élégante et instruite, quelles exquises causeries au retour des champs. Des lectures communes, une initiation dont il assumerait le plaisir la voyant s'étonner aux œuvres littéraires, étudier, comprendre, admirer enfin et goûter des sensa-

tions d'intelligence aux siennes pareilles. Leurs chairs ensuite se mê-
leraient à l'unisson de leurs âmes.

Aux dîners de noces, de funérailles
et de baptême, aux banquets des
ducasses et des kermesses, aux bals
tendus de draps blancs et ornés de
branches feuillues il assista, cher-
chant épouse.

Quand le cousin de Fourmies eut
remarqué les prévenances de Cyrille
à l'égard de Mlle Chrétien, il le dis-
suada, la montrant laide, pataude,
orgueilleuse de son bétail et de ses
arpents. Cyrille ne résista point,
étant, au fond d'avis identique. Huit
jours passés au château de Fourmies

en chasses, en excellents repas, et
en ivresses quotidiennes nées˙ du
kümmel, effacèrent la personne.

Avec leurs élégances, les maigreurs
rousses des demoiselles Raveline le
happèrent. Elles touchaient du piano
à quatre mains, citaient Lamartine et
Chateaubriand. Il préféra Marguerite
à Caroline.

Souventes fois, au trot de son
cheval britanniquement harnaché, il
gagna la porte verte de leur brasserie
distante de six kilomètres à peine.

Dans la cour profonde où se fonce
le fumier, où picorent les poules
troussées, il s'arrête, un instant, le
regard vers la maison basse aux vitres

emmaillées de capucines claires.

Au perron surgissent les sœurs vêtues de cotonnades rayées et ceintes de rubans larges.

Marguerite sourit ; sur la peau laiteuse les taches de rousseur vivent d'une existence de fleur, tantôt closes d'ombre, tantôt épanouies à la lumière.

Entrés ils ne conversent presque pas d'abord. Il manipule sa cravache, et fouette la poussière de ses bottes vernies jusqu'à ce qu'il se remémore des vers classiques appropriés aux circonstances. Alors ils récitent tous trois avec une émulation d'écoliers les tirades tragiques.

Là il goûte une intime vanité
d'homme supérieur apprécié par
une compagnie d'élite.

Les hauts bahuts bruns et leurs
cuivrures ouvragées, les poutres du
plafond, les assiettes à coqs peints,
les fauteuils surannés, il les assimile
aux meubles du grand siècle.

C'est le calme des classes, et sa
musique d'alexandrins rhythmés,
sans la peur des punitions, sans la
crainte des camarades, de leurs farces
cruelles.

Le vieux de Bressel vint l'y pren-
dre, un jour ; et, comme ils retour-
naient, leurs chevaux pataugeant lentement dans la fange, il dit :

— Vous n'avez pas, Cousin, j'espère, l'intention d'épouser ces filles.

— Pourquoi ?

— Leur bisaïeul, vous le savez, coupait les têtes pour trente-cinq sous, au temps de la première révolution sur la grand'place d'Arras. Il était le suppôt du sanguinaire sans-culottes Joseph Lebon.

— Oh, il y a bien longtemps ; elles ne sont pas coupables des fautes du bisaïeul.

— Qu'est-ce, Monsieur ? cette morale ? Je vous ferai enfermer comme fou si jamais vous avez le malheur...

— Oh, oh !

— Oui, Monsieur, vous l'êtes
assez souvent fou, bien que des gens
disent que vous soyez ivre...

Et le marquis piqua des deux le
laissant seul sur la route.

Longtemps Cyrille montra le poing
à la croupe de l'alezan, à ce veston
de velours noir, ces cheveux blancs
et ras, ce feutre gris qui s'exté-
nuaient parmi les jets de crotte entre la double file des peupliers mai-
gres.

VI

LA famille ne voulait qu'il se mariât. Ainsi la fortune reviendrait à Guy de Bressel, le Saint-Cyrien, et à Julia de Fourmies qui étudiait encore chez les religieuses de Sainte-Clotilde.

Il le comprit nettement après quelques heures de conversation avec le marquis et le baron installés chez lui pour la chasse des oies sauvages qui, en ce moment, passaient.

— Vous êtes, Monsieur, proclamait de Bressel une nuit d'affût, vous êtes, par ma foi, un bien heureux gentleman. Des chasses superbes, un marais enviable, une cave de vieux notaire. Vous avez tout jeune rôti des balais avec une femme charmante, vous vous y êtes même brûlé quelque peu. Des souvenirs exquis, quoi. Que faut-il de plus ?

— Si vous croyez, mon oncle, que c'est drôle de vivre tout seul ici.

— Voilà bien les Français d'aujourd'hui. La vie de gentleman-far-

mer les ennuie. Voyez donc vos
voisins les Anglais ! quels gaillards.

— Mon cher, vous raisonnez
comme une petite fille, insista le
baron. Que voulez-vous ? Vivre à
Paris ? Manger vos pièces de dix
sous avec des femmes de brasserie
comme un fils de quincaillier ? Vous
auriez honte de mener cette existence. Aux gens comme nous, pour
fréquenter les boulevards, il faut de
l'argent, beaucoup d'argent. Or,
nous-n'en-a-vons pas. Alors la vie
là-bas, sans le sou, c'est comme ces
cartouches vides, un peu de fumée,
et puis rien. Tout le monde s'en
aperçoit et se moque.

— Il faut se résigner, Monsieur, il faut se résigner. Nous nous résignons bien, le baron et moi, et Dieu sait pourtant si cela est dur.

— Après dix ans de Tortoni se retirer ici, oui ; c'est dur.

— J'ai envie de me marier dit fermement Cyrille.

Ils se firent affectueux. Eux prirent épouses. Eh bien, là, entre parents, on peut en convenir : les symphonies conjugales se rompent de fréquentes discordances. Mme de Fourmies qui autrefois brillait aux réceptions de l'empereur, reproche aigrement au baron ce rôle obligatoire de châtelaine recluse. La marquise

4

de Bressel, morte depuis dix ans,
ruina son mari en jouant à Monaco.
Cyrille revoit ces deux dames lui
offrant des louis lors des vacances.
Leurs petits chiens le mordaient aux
jambes.

On narre le cycle de la famille,
les héritages contestés, les unions
manquées, le suicide d'un cousin que
les dettes conduisirent à l'escroque-
rie, les réparations des châteaux,
les vitraux donnés en pompe à
l'église du village. On remonte à
l'époque de la Révolution, où les an-
cêtres réfugiés en Angleterre ensei-
gnaient le latin pour subsister. Puis
revient le récit glorieux des batailles

anciennes où, valeureusement, se
comportèrent les aïeux, des ligueurs.

Ils parlent bas, à genoux dans la
hutte, appuyés aux lucarnes ouvertes
vers l'étang ; et leurs yeux experts
visent la nappe de ciel déchiquetée
par les roseaux.

L'eau verte stagne entre les gerbes
d'herbes. Des fois elle se ride et la
ride étend jusqu'aux rives son ourlet
lumineux qui court. Des fois elle se
gonfle de bulles grossissant, crevant.
Blanche, la tête d'un nénuphar sur-
nage emmi les feuilles palmées.

A ces récits où s'évoquent les ro-
bustes cavaliers bondissant à travers
mousquets et piques, Cyrille s'é-

meut et se gronde. Pourquoi des
instincts bas l'incitent-ils aux mé-
salliances. Il jure de se vaincre. Se
vaincre, soi, chose facile, mais vaincre la hantise fantastique, le Rire
tors et vert ; le terrasser autrement
que par le sommeil de l'ivresse, le
pourra-t-il ? Il se connaît incapable
de subir une heure le Rire, cette
menace de folie et de funérailles.

Et voici que le conquiert la terreur hallucinante. Dans les roseaux,
dans l'onde verte et plane il aperçoit, glissant entre des lames d'eau,
la robe écarlate de Denise, ses
gants noirs.

Alors il répète :

— Ça ne fait rien, je veux me marier.

— Mais avant de vous marier, Monsieur, songez au moins à vous corriger de votre ivrognerie. Vous ne pouvez pourtant apporter cela à une jeune fille en cadeau de noces.

— Vous êtes méchant, mon oncle. Vous savez bien que ça ne dépend pas de ma volonté, le médecin vous a dit l'influence originelle, atavique; mon père était alcoolique.

— Il en mourut : Prenez garde.

— Hé ! je sais, je sais. Aussi je ne veux plus rester seul. Non, je ne veux plus.

— Chut !

Les ailes des oies battent sur le ciel ainsi que des éventails éployés. Silencieusement. De leur vol, elles cernent la mare. Et subitement, à six, elles plongent dans les herbes. Les herbes fléchissent, froufroutent, puis oscillent longtemps.

Une tête, ombre pointue, saillit d'une touffe de roseaux. Les fusils tonnent. Aux lourdes répercussions des coups, les volatiles s'élèvent; des masses noires, indécises, qui, une à une, versent, tuées.

Seule une fuit au ras des ajoncs, toutes pennes étalées, sous les montantes fumées de la poudre.

VII

Lucienne étant noble qu'objec-
teront les oncles ? Le man-
que de fortune ? Comme Cyrille
sera fort pour leur reprocher cette
mesquinerie.

Il se lève titubant et mol, mais la
volonté de vaincre l'arbitraire de la
famille et de faire œuvre libre le
raffermit. Une intime colère, un dé-

sir extrême d'aimer mus au paroxysme par l'ivresse, lui suggèrent
des actes. Il commande de préparer
une valise pour un court voyage et
d'atteler le dog-cart.

A Lille, les promeneurs bien
mis, aux élégances britanniques, cap-
tivent son attention. Puis, chez un
tailleur de vitrine limpide et d'en-
seigne sobre, il se livre aux mains
des commis obséquieux qui le mè-
trent. Quelques jours après il regagne sa ferme, muni d'une complète
garde-robe de clubmann.

En trois visites, Lucienne, lui emporta l'esprit. Elle parlait bas avec un
accent mièvre, et les paroles soupiran-

tes fuyaient vite de ses rosâtres lèvres.
Dans ses gestes affables et menus,
une gentillesse de maigriote. Elle
avait sur la taille mince, une poitrine ronde, une tête futile à veines
bleues, à pupilles ardoisées, à cheveux d'ambre. Adorablement elle
jouait du piano, et ses doigts fins sau-
telaient sans lassitude. Cyrille passe
ses après-midi à la Verdière dans le
salon empli de colifichets, de chai-
ses frêles et dorées, de meubles
à pompons, de fleurs gerbées par
gammes chromatiques dans des va-
ses simples.

Des heures il contemple la nuque
gracile de Lucienne et la montante

torsade de sa chevelure. Alors le
saisit le désir de dénouer ces cheveux, de mordre à pleins baisers
cette nuque blanche. Puis il se juge
pur imbécile. De même que Denise,
Lucienne l'enjôle. Il se prévoit la
subissant avec tous ses caprices de
petite fille coquette, ses gamine-
ries, ses fugues sautillantes et rieuses
qui refusent, ses bouderies qui
obtiennent.

La gêne des dames des Flochelles
ne se trouva point si grande qu'on
l'avait dit d'abord.

Lucienne, outre la propriété de la
Verdière, possédait une dot. Mme des
Flochelles, anglaise de naissance,

irait vivre, après le mariage, dans le
comté de Kent, au manoir de son
père qui, très vieux, désirait une
compagnie.

L'aveu de ces détails intimes
promut Cyrille au rôle officiel de
fiancé.

Dès lors il se reprocha sa trop hâ-
tive détermination. Il eut peur de
Lucienne, si pauvre, sans terres ; il
eut peur de son charme ; il craignit
qu'elle ne l'abandonnât, un jour
comme l'autre. Il chercha le moyen
de rompre.

Puis le soir, chez lui, quand le
goût amer de l'alcool lui remémorait
les extases de ses amours débutantes,

la vision de la jeune fille si différente de l'autre, exquise, lui promettait des délices encore neuves, pudiques et mystérieuses, dont le rêve le pressait.

Il aurait La Verdière; et la modicité de ses ressources demeurerait inconnue des paysans. Car, autrement, le domaine pouvait échoir à un autre acquéreur et les gens ne failliraient pas alors à le dire ruiné.

Comme les oncles, il possédera son château. Et ses vœux de luxe sont réalisés d'avance par cet intérieur charmant et diffus. Plus de soirs mornes dans la vaste cuisine de ferme.

Des heures de béatitude parmi les fleurs et la lueur mordorée des lampes, aux sons agiles du piano, à la vue de Lucienne en jupes claires. Le vice en mourra.

Mais une jalousie anticipée le harcèle. Il redoute de lui déplaire, d'être quitté. Bien que sûr d'abandonner son habitude, il appréhende une minute de faiblesse, où sa résolution sombrerait, et qui, pour toujours, la dégoûterait d'un ivrogne. Un autre alors, la lui enlèvera. Et il s'attarde à méditer des vengeances extraordinaires, éternelles.

Une scène terrible avec le marquis de Bressel détermina Cyrille. Il

déclara qu'il ne voulait consentir à
sacrifier sa vie pour accroître la fortune de ses cousins et devenir vieil-
lard à espérances ; que le célibat ne
lui valait rien ; qu'il aurait Lucienne
Des Flochelles, une jeune fille noble,
instruite, d'une élégance extrême et
de goûts modestes ; qu'il n'était
plus un enfant ; que sa famille
pouvait bien ne pas assister au mariage, que cela lui paraissait indiffé-
rent.

Ils s'épousèrent à minuit selon le
rite de la famille dans la chapelle du
château de Fourmies, au milieu de
buissons de cierges.

En Ecosse, au bord d'un lac uni,

et ceint de grandes roches violettes
qui s'y miraient, ils vécurent un
mois en des extases, en des frémis-
sements.

VIII

LE soleil fulgure vers les bette-raves violettes et miroitan-tes, vers la masse tassée des blés pâles. Parmi l'énorme bruissement des fétus et des guêpes, le ciel jaillit, s'incurve bleu.

Sur la terre Cyrille s'est couché ; et ses yeux cillent lacérés par les lueurs de l'air.

Il a fui la maison de peur de crime. Le Saint-Cyrien de Bressel causait bas à sa femme qui, écoutante, souriait. Ainsi les surprit-il sous les palmiers de la serre, au retour des champs. Il a fui pour ne point tuer. Et il courut des heures, des heures, à toutes forces, en rond. Puis, les forces éteintes, il tomba, capable enfin de ne plus se souvenir. Du moins la vision se disloque dans son imagination lassée, dans sa tête lourde. La douleur des muscles amende la douleur de l'esprit.

Que fit-il à cette femme pour qu'elle le haïsse ? Son amour de vierge avoué, c'était donc leurre.

5

Pourquoi l'avoir reçu, pourquoi s'être donnée ?

Le souffle passe avec peine dans sa gorge étrécie d'angoisse. Il n'est dans l'air que le bruit de son râle, et une alouette planante qui jacasse, et ses ailes qui étincellent.

Lucienne tenait à sa bouche une rose blanche. La rose blanche, Cyrille se la représente exacte avec un pétale jauni qui frôlait les lèvres mièvres, les dents. L'autre la voulait avoir, et elle refusait en riant.

Le rire, la nuque penchée sous les frisures et le casque de cheveux lisses, le rire et la nuque penchée pour plaire à un autre ! Cela le torture. Il imagine quelles durent être leurs moqueries à son égard. Et cependant pour elle, il se transforma, il tua son habitude de vin. Jamais l'ivresse ne le reprit bien qu'il eût voulu enfouir ses craintes jalouses dans le sommeil lourd de l'alcool. — Les voilà toutes réalisées ces craintes : lui moqué par ce jeune homme, un imbécile, un ignare auquel il donna des répétitions pour ses examens de l'Ecole et qui fait des fautes d'orthographe.

Ira-t-il provoquer un pareil gamin ? On se gausserait. D'ailleurs il ne peut même pas affirmer son soupçon : ils se séparèrent tout de suite

avant de l'apercevoir. Sans se retour-
ner elle s'esquiva ; mais sa course
était si jolie, ses jupes froufroutaient
avec tant d'art que par cette fuite
même elle désirait sans doute plaire
à l'autre.

Puis la douleur se fait toute physique. La rose blanche le gêne
comme le gênaient, lors de ses ivresses, les blancheurs des linges. Chaque fois qu'il s'imagine cette pos-
ture de Lucienne, des frissons le tor-
turent et tressautent par ses membres. C'est la vie toujours morose,
et le bonheur exilé.

Et il se souvient des souffrances
anciennes subies pour Denise. Il se

souvient du recours suprême, le
sommeil où les alcools enfouissent
l'esprit.

Au cabaret il assomme sa douleur
à coups de vin.

IX

CE devint sa vengeance, voir Lucienne au soir quand il rentrait ivre.

La raison vaincue par le vin, sa colère éclatait pour une chaise mise hors la place habituelle, pour une poterie ébréchée, pour une servante punie. A propos de rien il épandait des injures, des menaces. Et cela

lui paraissait juste comme un devoir.
Il croyait la sévérité propre à main-
tenir sa femme dans la soumission,
le repentir, la crainte du mal, la
vertu. Par des paroles ambiguës,
que seule la coupable pouvait
comprendre, il décela les motifs de
sa haine. Mais elle feignit toujours
de n'en pas saisir le sens caché.

Elle pleura, elle pleura sans cesse,
assise dans leur chambre, sa figure
futile collée aux fleurages pompa-
dour des fauteuils.

Lorsqu'elle s'affaissait ainsi, sa
taille si frêle dégagée des bras unis
au front, le pied mince battant le sol
de l'escarpin vernis, Cyrille avait

pour elle des tressaillements d'a-
mour, encore. A travers les buées
tremblantes de son rêve alcoolique,
elle lui apparaissait désirable au-
dessus de toutes, de celles vues, de
celles eues. Alors il la prenait dans
ses bras, sans mot dire, et le lui
prouvait.

Par baisers et par caresses, Lucienne semblait vouloir le fléchir.
« Pourquoi es-tu si méchant ? » dit-
elle une nuit. D'abord il garda un
silence triste, puis il étala ses sus-
picions.

Lucienne, dès lors, ne pleura plus.
Elle l'évita partout.

Il se persuada que les circons-

tances voulues où elle disparaissait
devaient servir l'adultère, il le lui reprocha. Très froidement et fermement elle lui déclara qu'elle n'ai-
mait que lui, que ses soupçons
l'affolaient, que s'il faisait encore
allusion à des histoires pareilles elle
mourrait.

La pitié n'atteignit pas Cyrille que
l'image du Saint-Cyrien et de la
rose au pistil flétri gardait. A tout
instant sa rancœur s'amassait en
ses entrailles avec son souffle longtemps retenu, et que par soupirs il
expirait. Et il passa ses veillées à
fuir de cette douleur vers le sommeil du vin.

Un soir le marquis et le baron
vinrent pendant un de ces som-
meils.

La brusque rupture de sa béatitude le mit en méchante humeur,
et la présence de M. de Bressel
auiva la rage douloureuse conçue
envers le fils. Alors il revit l'entier
égoïsme de la famille, hostile d'a-
bord à son mariage par cupidité,
avide ensuite d'en tirer profit au
point d'astreindre ses fils à choisir
en sa femme une maîtresse peu cou-
teuse qui les garderait des scan-
dales.

Puis, comme le marquis élevant
la voix, l'invitait durement à cesser

ses querelles conjugales et ses ivresses qui déshonoraient la race. Cyrille, délirant de colère, les poussa
dans la cour à la force des poings.
Longtemps il invectiva.

Personne ne vint plus à La Verdière. Lucienne congédiait vite les
rares amies en visite, car Cyrille devant ces intruses — des entremet-
teuses peut-être — s'évertuait à
travestir son visage en mines terri-
fiantes afin de leur enjoindre une
peur salutaire.

Ayant chassé la famille et les ami-
tiés anciennes, il eut un renouveau
de joies, un triomphe à posséder
seul Lucienne et ses gestes graciles

et sa face sérieuse. Aux heures d'i-
vresse ces joies s'exprimèrent par
des extravagances et des jeux d'enfant.

Si, après boire, il ne parvenait au
sommeil, d'impérieuses envies de se
mouvoir l'exaspéraient. Il eût voulu
courir ou briser ; ses phalanges s'ar-
quaient et ses mâchoires se serraient ;
il lui fallait sortir. Alors dans la ta-
verne basse, à la flamme fumeuse du
pétrole, il formait des plaisanteries
pour plaire aux rustres buveurs, et
les dominer par l'esprit. Bientôt les
muscles de sa face, mus par le délire,
se contractaient et se détendaient en
grimaces pour soutenir les paroles.

Sa gesticulation s'animait ; la male puissance en furie dans son corps poussait ses bras, ses jambes, à travers l'espace, sa face à travers le vide, et tordait son dos.

De telles violences lassaient la tension douloureuse de ses nerfs, si douloureuse que sa peau lui semblait trop étroite pour contenir leur élan et leurs bonds. Ainsi la bienfaisante lassitude lui venait, le calmait l'assoupissait.

Il prit l'habitude de faire grand tapage et montre de vigueur. Aux soirs des cabarets, il dansa frénétiquement, tapant le sol de ses semelles, les tables de ses poings, riant à gorge ouverte. On lui apprit qu'on le disait fou.

Ce l'enchanta, ravi que cette réputation lui permît encore plus d'extravagances et les excusât en même temps. A ses affreux délires, il vit enfin le remède quotidien et assuré ; et but davantage, sûr de n'en point trop souffrir.

Cependant si, fatigué de ses grimaces et gestes, le rire des gens lui devenait hostile et railleur, il interrompait brusquement sa mimique en roulant des yeux féroces tout prêt à férir les insolents ; et, dans le silence subitement venu ; il démolissait d'un formidable coup une ta-

ble, une chaise pour instruire le cercle des spectateurs muets et peureux
de quelle force il les saurait assaillir.

Les autres restaient immobiles,
serrés entre eux comme des bêtes
craintives. En tout son orgueil,
Cyrille les examinait eux, leurs vi-
sages pâles, leurs blouses tassées
contre les murs gris de suie, la ca-
baretière effarée mettant sa vaisselle
à l'abri, et les plus résolus préparant
leurs poings.

Alors, sûr de la terreur inspi-
rée, las aussi de ses efforts physi-
ques, il leur tendait la main ; et
commandait de la bière pour tout le
monde.

Il se jugea très spirituel puisque ses clowneries lui valaient l'approbation des spectateurs ; il se jugea très supérieur puisqu'on le redoutait. Par les rues simples du village, il passait silencieux et sombre, jouant le seigneur.

Et un amour extrême pour Lucienne l'emporta.

Le sentiment d'avoir vaincu le Saint-Cyrien, d'avoir rompu cette passion mauvaise, d'être seul aimé, ce furent des délices neuves, sauvages.

Il rechercha des voluptés mauvaises. Lorsque par la pâleur de sa face et la fatigue navrée du geste, Lu-

cienne laissait comprendre sa souf-
france d'être honnie ainsi qu'une
fille, il souffrait de sa douleur
autant qu'elle ; son souffle se préci-
pitait, des larmes lui montaient aux
paupières, mais il n'interrompait
pas la suite des récriminations ; et,
portant le mal au paroxysme, il
goûtait d'extatiques voluptés à la
posséder dans sa douleur. Etouffer
ses sanglots d'une étreinte forte et
maîtresse, boire ses larmes lourdes,
ainsi affirmait-il sa conquête par la
brutalité du viol triomphant.

6

X

L'EVANGILE clos, Cyrille se rassied, comme tout le monde.

Jaune, le soleil coule aux colonnes du chœur, aux côtes du Christ culminant le tabernacle de cuivre.

Silencieusement sous la nef évidée, les rustres se voûtent en leurs blouses sombres, parmi la pous-

sière familière qui grisaille les mu-
railles.

A grand mal, Cyrille s'évertue
pour fuir son obstination d'ivresse,
une envie sans cause de gifler le
curé qui se prélasse à l'autel dans les
ors et les moires. Dès l'instant où
il franchit avec Lucienne le seuil de
l'église ce besoin le harcela. Et ses
poings se crispent comme si déjà ils
étreignaient le prêtre. Il étire ses
doigts moites, puis lisse sa manche
pour distraire son geste irrité. Contre l'idée absurde il s'indigne, et ses
anciens respects acquis aux religieux
s'indignent, et sa volonté s'indigne
d'être subjuguée par ce désir bête.

Mais sa colère croît à mesure
qu'il tente de retrouver la saine intelligence. S'il construit des argu-
ments raisonnables, tôt des accès de
rage les effilent et les déchirent ; et ses
muscles se tendent pour le détour-
ner de la raison. Alors dans ce lacis
d'efforts contradictoires, une vision
surgit armée de vraisemblance et de
réels souvenirs : l'ecclésiastique aux
mains blanches, il le vit souvent
auprès de sa femme ; souvent elle se
confesse ; elle-même orne la chapelle de la Vierge l'après-midi. Et
lentement, par une patiente recher-
che, il s'attache à des réminiscences
imbues d'oubli, il les joint, les

unit et de leur ensemble parvient à établir le motif de sa haine.

Tinte la sonnerie maigrette de la clochette, les chaussures du servant grincent sur les grés des degrés sacrés.

Cyrille se lève, comme tout le monde.

Il regarde Lucienne agenouillée en ses valenciennes. Les fleurs té-- nues du chapeau, les fleurs à lon- gue tige tremblotent sur la paille pâlotte, et, en sa face mièvre, les cils battent vers les joues mates.

Trop jolie, elle dut plaire à ce curé, un instruit, un raffiné. Or ce citadin, au visage clair, quels avan-

tages ne tient-il pas sur un gen-
tilhomme campagnard, hâlé.

Vers l'unique vitrail à bordures
jaunes, à bordures bleues, le calice
assomptionne aux mains de l'offi-
ciant. Longtemps cela s'irradie dans
le soleil fuselé, et, pour le regard
trouble de Cyrille où les choses
s'épanchent, le vermeil du calice
semble déborder sur les doigts du
prêtre.

Ce l'exaspère. Voilà que ses chairs
se dorent maintenant à ce pleutre,
comme ses ornements sacerdotaux.
De telles transformations, sans doute,
affolèrent Lucienne, comme ces
doigts grêles enfoncés dans les den-

telles de l'aube. Oh! par la tête
brûlante de Cyrille, la passion de
lacérer chasubles et oreries, de vider
le calice, en piétinant l'efféminé....
— Dominus Vobiscum.

De face à présent il nargue ne di-
rait-on pas?... et l'œillade a visé
Lucienne. Cyrille l'a perçue malgré
l'onction que le sournois affecte....
Qu'il attende la fin du sacrifice : il
verra.

Une crampe soudaine force le
noble à décroiser les bras et son
poing se tend vers le bellâtre, d'un
jet.

Lucienne hausse sa figure dolente,
qui implore, qui apaise.

Pour elle, il s'apitoie et reprend une position correcte. Même par désir de faire accroire aux autres que rien d'insolite ne fut dans ses gestes, il répète, en s'étirant les manches, une tension de poing identique mais qui semble appropriée à cette action naturelle.

De sa haute taille il domine les fidèles ; et les têtes inclinées évitent peureusement le regard impérieux dont il les fixe. Tout de suite on a compris son désir, on n'ose y enfreindre : on feint de n'avoir rien remarqué. Ainsi Lucienne n'aura point honte.

Car c'est en lui le souci constant de ne se point rendre plus odieux encore, de la reprendre, de la reconquérir par sa toute soumission, et de vivre heureux à nouveau. Comme en Ecosse.

Mais le curé se retourne encore, regarde.

Et voici que la rage emporte Cyrille contre l'outrecuidant individu, cause des singeries auxquelles il s'astreint. Le poing menaçant saillit encore vers le prêtre.

— V'nez donc, ben, un peu, Monsieur Cyrille, murmure Baptiste en le tirant par le bras.

— Veux-tu me laisser ou je te casse la figure.

— C'est des bêtises, tout ça. A c't'heure? Vous n'êtes pas bien, que je vous dis ; c'est que vous avez soif ; faut vous rafraîchir.

— Oui, va Cyrille, prie Lucienne.

Il se décide. D'ailleurs l'autre n'en subira pas moins sa juste vengeance. Et puis il a tellement soif.

Ses lèvres pâteuses et molles se collent ; sa langue sèche cherche en vain la salive dans sa bouche sèche.

Comme il ne faut pas, cependant, que les gens, s'il se retire, croient les moqueries permises, il sort à reculons, prêt à battre.

Dehors ses yeux errent par la place où s'écrase la lumière astrale.

Il s'inquiète de l'ombre courte, torte,
bleue, qui lui adhère aux talons.
S'il pouvait il la chasserait; elle le
gène, l'obsède, offusque sa pupille. Elle perce son cercle de vision et il la sent à chaque pas re-
muante, espionne. S'il s'arrête, elle
demeure courbée sous lui, difforme,
affreusement gibbeuse et tassée.

XI

Vers la mare marmoréenne il traîne Lucienne. L'haleine de la nuit tremble dans les troènes aux fleurs blanches et dans les ailes blanches des canes.

La jupe s'accroche aux ronces, aux pierres de la cour creuse, mais Cyrille tire de ses mains emmé-lées à la longue chevelure et le corps

mou suit avec des bruits de déchi-
rures.

Cyrille marmonne : « C'est sa
faute, elle ne voulut pas avouer. Elle
n'avoua rien dans son entêtement
perfide, cette souillée menteuse. Et
d'autres ne la doivent plus avoir. »

Pourtant si elle eût compati, il
eût en ses bras bu ses lèvres, ses
joues ; et cela eût tari sa soif à
jamais. Il n'aurait plus cherché dans
le vin le sommeil d'oubli, n'ayant
plus de tourments à y perdre. Au
contraire, elle suscita des douleurs
très grandes. Par sa male faute il fut
contraint de se réfugier aux torpeurs
de l'ivresse, — et la folie le dompte.

Son regard est saisi par les ailes blanches des canes, par les fleurs blanches des troènes, par la jupe blanche qui s'accroche aux ronces et aux pierres. Et ces blancs dardés le lacèrent, l'exaspèrent.

Enfouie sous l'eau boueuse, la jupe blanche ne l'éblouira plus de ses allures jolies pour le mener ensuite à la douleur, au vin.

Il chancelle et titube sur le fumier craquant. Cette ivresse l'enrage contre elle qui la lui valut. De toutes forces il secoue la chevelure magique à son poing liée.

Il avance avec le corps qui cède et qui glisse sur les grés lisses. Puis

l'eau clapote en ses pas ; et les lourdes ailes des canes éveillées, battent.

D'un vol tumultueux le blanc des
pennes éployées cingle sa vue. Alors
la furie l'exalte. Il précipite Lucienne.
L'eau sourdement geint, s'illumine,
Elle se fonce. Elle se tait.

C'est une hébétude de sentir ses
bras vides, de prévoir vide la chambre nuptiale.

Et des sanglots lui rompent la
gorge étranglée. Il fuit.

Jusques au matin il fuit dans la
plaine infinie, vers le ciel pailleté.
Les perdrix s'essorent en ligne, et
s'éteignent. Les lièvres détalent, et le
blanc de leurs croupes lestes.

Dans sa robe rouge trop large
la figure de Denise; dans sa jupe
blanche trop large la face blême de
Lucienne; elles fuient à sa tempe
gauche, à sa tempe droite, frôlantes.
Il les voit du coin de l'œil et, s'il se
retourne, elles disparaissent. Parfois
il se jette sur le sol, la tête dans les
bras. Seul son souffle ahanne parmi les mélancoliques appels des perdrix.

Du rouge sourd de la terre, du
rouge de sang qui le pénètre, qui
emplit sa gorge d'une saveur sau-
mâtre. Son souffle s'expire pénible-
ment avec des tumultes de forge.
Et ces tumultes emplissent la plaine

où persistent les voix craquetées
des perdrix.

. . . .

Sous l'aube rosissante et les longs
cris du vent dans les trembles, —
Cyrille s'est étendu face au ciel, les
yeux clos. Il sent le matin ; et voici
le chant des alouettes. Tout son
sang bourdonne et bouillonne dans
sa tête inerte. Elle ne semble plus à
lui tant elle pèse. Il ne la peut
mouvoir.

Et du rouge ensanglante ses paupières baissées, et du rouge flam-
boie sur ses joués qui brûlent. Il
croit à la robe rouge de Denise qui
le toucherait. Il lèverait bien ses

7

mains pour l'écarter mais elles ne lui appartiennent plus.

Et le rouge se pourpre, tourne au grenat vineux, au noir ; du noir lourd qui plane et lentement descend ; c'est la mort, pense Cyrille. Un calme bienfaisant lui fraîchit les membres. Il lui paraît que son corps ne brûle plus, mais, qu'éteint, il se noircit et se glace.

Dijon, imprimerie Darantiere

www.ingramcontent.com/pod-product-compliance
Lightning Source LLC
Chambersburg PA
CBHW060635100426
42744CB00008B/1642